JOURNAL
DE BELLE-ISLE,

Depuis le 8 Avril 1761, jour de la première descente des Anglais, jusques & compris celui de la Capitulation, qui s'est faite le 7 Juin 1761.

A BREST;

Chez ROMAIN MALASSIS, Imprimeur du Roi & de la Marine.

M. DCC. LXI.

JOURNAL
DE BELLE-ISLE,

Depuis le 8 Avril 1761, jour de la première descente des Anglais, jusques & compris celui de la Capitulation, qui s'est faite le 7 Juin 1761.

E 7 Avril au point du jour Monsieur le Chevalier de Sainte Croix, Brigadier des Armées du Roi, Lieutenant-Colonel du Régiment de Bourbon Infanterie, Commandant à Belle-Isle, fut averti qu'on appercevoit à l'Ouest de cette Isle une Flotte qui couvroit l'horison, les vents étant Sud-Ouest bon frais; deux Vaisseaux, deux Galiotes à bombes, & quinze bâtimens de transport passerent au Nord de la pointe des Poulains, qui est la plus avancée de l'Isle dans la partie du Nord-Ouest, & vinrent mouiller dans la Rade de *Sauzon*, qui en est proche.

Le gros de la Flotte composée d'environ huit Vaisseaux, douze Frégates ou Galiotes à bombes, & cent autres voiles de toutes espèces & grandeurs, longea l'Isle dans l'Ouest, vint par le Sud doubler la pointe de *Locmaria* au Sud-Est de l'Isle, & y mouilla sur le midi, se prolongeant par le travers des *grands Sables*.

Monsieur le Chevalier de Sainte Croix ayant reconnu la position des Ennemis, donna ordre aussitôt aux Régimens de

A ij

Nice & de Bigorre, au Bataillon de Milice de Dinan, qui composent la garnison de Belle-Isle, & aux Milices Garde-Côtes de cette Isle, de se porter aux Postes désignés en cas d'allarme. Il remit ses instructions aux Commandans des différentes parties, suivant la disposition générale qu'il avoit précédemment arrêtée. Comme il en avoit fait répéter plusieurs fois les manœuvres aux Troupes, elles s'y portèrent promptement & sans confusion.

Les Ennemis employerent le reste de cette journée à disposer leurs Vaisseaux de guerre & leurs Bâtimens de transport dans l'ordre où ils devoient être pour l'attaque qu'ils avoient résolue.

Les Galiotes qui avoient mouillé dans la partie de *Sauzon* jetterent sur les batteries de cette Côte quelques bombes qui firent peu d'effet. Monsieur le Chevalier de Sainte Croix fit canonner les Vaisseaux qui s'approchoient de trop près de la Côte; les Troupes passerent la nuit dans leurs postes.

Le 8 à six heures du matin les vents ayant tourné au Nord, les Anglais qui étoient dans la partie de *Locmaria* mirent à la mer quarante-cinq bateaux plats, qui pouvoient contenir environ cent hommes chacun; leurs Troupes s'y étant embarquées, ils se rassemblerent derrière le Vaisseau commandant la Division mouillée à hauteur des *grands Sables*, où ils mirent à la voile pour doubler la pointe de *Locmaria*.

La Division mouillée dans la partie de *Sauzon* à l'autre extrémité de l'Isle mit aussi ses Chaloupes à la mer. Mais Mr le Chevalier de Sainte Croix s'étant apperçu qu'on n'y avoit point embarqué de troupes, ne douta pas que le véritable projet des Ennemis ne fut de tourner leurs principaux efforts sur la partie de *Locmaria*. D'ailleurs les vents ne permettant point aux Ennemis d'aborder la Côte de *Sauzon*, Monsieur le Chevalier de Sainte Croix n'hésita point à faire marcher une partie des Troupes destinées à sa défense, & il envoya ordre au Cammandant du premier Bataillon de Nice qui y étoit posté, de n'y laisser que quatre Compagnies, & de se porter avec le reste de son Bataillon sur les hauteurs qui dominent les *grands Sables* & le *Port-d'Andro*.

A midi deux Vaisseaux & une Galiote à bombes vinrent s'embosser vis-à-vis le *Port d'Andro*, & tirerent avec la plus grande vivacité sur les batteries qui le défendent, quoiqu'elles ne fussent armées que de quatre pièces de canon, elles furent si bien servies que leur feu dura près d'une heure.

Les Ennemis firent alors déborder leurs bateaux plats qui s'avancerent à force de rames vers l'ance du *Port d'Andro*.

L'ancienne digue qui avoit été construite pour défendre

l'entrée de ce Port, ayant été ruinée depuis peu par la mer, & la nouvelle à laquelle on a commencé à travailler n'étant pas encore en état de contribuer à sa défense, Monsieur le Chevalier de Sainte Croix avoit placé dans les flancs du fond de cette ance le Régiment de Bigorre d'un côté, & trois Compagnies du Régiment de Nice de l'autre.

Dans cet instant il vit paroître sur les sommités à la droite du *Port d'Andro* une tête assez considérable des Ennemis qui avoit débarqué dans une partie qu'on avoit jugé comme inaccessible, & qui après avoir gravi par des rochers extrêmement escarpés, se formoit en bon ordre sur les derrières du Régiment de Bigorre, qu'elle dominoit entièrement.

Monsieur le Chevalier de Sainte Croix fit détacher deux Piquets de ce Régiment, & ordonna à Messieurs Grau & Dumon qui les commandoient, de marcher à cette troupe, & de la charger bayonnette au bout du fusil ; ce qui fut exécuté sur le champ avec la plus grande bravoure & le succès le plus complet. Les Ennemis malgré l'avantage du nombre & de la position furent tous tués ou précipités dans la mer après une résistance assez opiniâtre.

Pendant cette action la première Division des Ennemis, composée des Grénadiers & Volontaires, ayant fait son débarquement dans l'Ance de *Port d'Andro*, Monsieur le Chev. de Sainte Croix sans lui donner le tems de se former, fit déboucher le Régiment de Bigorre, & les trois Compagnies de celui de Nice, qui se porterent sur eux avec la plus grande vivacité & le meilleur ordre, défirent entièrement tout ce qui étoit débarqué, & firent un feu si vif sur les Bateaux de la seconde Division qui alloit faire son débarquement, qu'ils furent contraints de se retirer derrière les deux Vaisseaux embossés, après avoir perdu prodigieusement de monde.

Les Batteries qui avoient été réparées pendant ce tems, ayant recommancé à tirer, en coulerent plusieurs à fond.

La perte des Ennemis doit avoir été très-considérable ; il n'est pas possible de l'évaluer exactement, une grande partie ayant été noyée en voulant regagner les Batteaux, ou dans ceux qui furent coulés bas.

Il y a environ 400 prisonniers, dont 17 Officiers, parmi lesquels se trouvent Messieurs Maklen, Général-Major, & Thomas, Lieutenant-Colonel, commandant la première Division.

Nous avons perdu de notre côté ;
RÉGIMENT DE BIGORRE.
Monsieur de MICHELET, Lieutenant-Colonel du Régiment de Bigorre, blessé d'un coup de feu à la Rotule.

Messieurs { DUMONT, Capitaine.
DE BEAULIEU, Lieutenant des Grénadiers. } Tués.
GRAU, Capitaine, blessé d'un coup de bayonnette dans la Poitrine.
PÉLISSAC, Capitaine.
DUFFAULT, Lieutenant.
LA HOUVIERE, Lieutenant.
BOYER, Lieutenant. } Blessés.

Soldats tués....... 13 Blessés..... 61

RÉGIMENT DE NICE.

Soldats tués........ 2 Blessés......... 5

GARDES-CÔTES.

LORÉAL, Enseigne, *blessé*.

Garde-Côtes tués... 1 Blessés......... 3

TOTAL tués.... 16 Blessés........ 69

Monsieur le Chevalier de Sainte Croix a justifié dans cette occasion la haute opinion qu'on avoit depuis long-tems de ses talens militaires. Sa Disposition a été si bien faite & si clairement ordonnée, que depuis l'approche des Ennemis, il n'y a eu ni confusion ni incertitude dans l'exécution des mouvemens.

Il a été parfaitement secondé par Mr. de la Garrigue, Colonel d'Infanterie, commandant en second dans l'Isle, dont Monsieur le Chevalier de Sainte Croix fait les plus grands éloges.

Mr. de Michelet, Lieutenant-Colonel du Régiment de Bigorre qu'il commandoit, s'est comporté avec autant de capacité que de valeur.

Mr. de Mellet, Capitaine au Régiment de Nice, commandant les trois Compagnies de ce Régiment, qui ont chargé les Ennemis, s'y est extrêmement distingué.

C'est à l'intrépidité de Mr. Grau, Capitaine au Régiment de Bigorre, qu'on doit le succès de l'attaque dont il a été chargé.

Monsieur le Chevalier de Sainte Croix se loue infiniment de l'intelligence & de l'activité de Mr. de Montessuys,

Major du Régiment de Nice, chargé du détail des Troupes ; & en général de la bravoure & fermeté de tous les Officiers & Soldats, tant des Troupes que des Gardes-Côtes de l'Isle. Mr. de Taille, Capitaine-Général de cette Milice, s'eſt conduit avec la plus grande diſtinction.

Le 9, l'Amiral Anglais dépêcha une Frégate en Angleterre pour demander du renfort. La Flotte ennemie ne put rien faire ce jour-là ; la violence du vent obligea pluſieurs Bâtimens de guerre à amener leurs perroquets, quelques-uns même leurs mâts de hune : les Bâtimens de tranſport ſe ſont éloignés de la côte pour chercher un abri, les uns derrière la pointe de *Locmaria*, les autres ſous les Iſles d'*Houat* & d'*Hedic*.

Le 10, la Flotte ennemie n'a été occupée qu'à ſe regréer, & reprendre la poſition que l'orage de la veille l'avoit obligée de quitter. On vit bien diſtinctement tous les pavillons de Belle-Iſle. Le ſoir la Flotte ennemie étoit mouillée bien en ligne.

Du 11 au 20 elle ne fit aucun mouvement conſidérable.

Il arriva le 21 Six Vaiſſeaux de guerre d'augmentation, & 2400 hommes, avec ordre de faire une ſeconde tentative.

Le 22 la Diviſion qui étoit devant *Sauzon* fut joindre le gros de la Flotte, & fut remplacée par 4 Vaiſſeaux de guerre & 21 Bâtimens de tranſport arrivés d'Angleterre à la pointe du jour ; ceux-ci mirent à la traîne chacun deux Bateaux plats pour contenir dans cette partie les troupes qui la gardoient.

A 7 heures, trois Vaiſſeaux s'emboſſerent devant le port *Andro*, celui de *Locmaria* & *Darzic* ; ils firent un feu très-vif ſur les batteries & ſur les retranchemens de ces poſtes.

A dix heures toute la Flotte mit à la voile, chaque Vaiſſeau ayant trois ou cinq Bateaux plats à la traîne. Cinquante Vaiſſeaux, Frégates & autres Bâtimens avoient doublé la pointe de *Locmaria*, & s'étendoient ſur trois lignes.

Les troupes s'embarquerent dans 60 bateaux plats, & ſe formerent auſſi ſur trois lignes, & reſterent dans cette poſition juſqu'à une heure & demie. Pendant ce tems, les Vaiſſeaux & Galiotes à bombes firent un feu terrible ſur la partie de *Locmaria* juſqu'à *Kdavid*. Les Bateaux plats ſur leſquels étoient les troupes, vinrent débarquer au pied de l'eſcarpement de la pointe de *Locmaria*, & gravirent juſqu'à la ſommité par des endroits qui avoient été regardés comme inacceſſibles. Monſieur de Sainte-Croix y fit marcher 300 hommes, qui culbuterent tout ce qui étoit débarqué, & firent 80 hommes & 4 Officiers priſonniers. En même tems, le Bataillon qui s'étoit porté au village de *Kdonis*, s'apperçut qu'il étoit débordé par ſa droite ; il monta ſur la crête pour charger avec avantage, mais le feu des Vaiſſeaux l'obligea de ſe retirer : ils ont tenté une seconde attaque mais avec aussi peu de succès, le nombre des ennemis augmentant à chaque instant, & se tenant retranchés à l'abri des murailles. Monsieur de Sainte Croix y fit poster le Régiment de Bigorre, rallia ses troupes, & les mena trois fois à la charge, mais elles ne purent soutenir le feu supérieur des Vaisseaux qui les prenoient en flanc ; ils furent enfin obligés de céder à la supériorité des ennemis, qui se formerent sur cette pointe au nombre de plus de 4000 hommes. Monsieur de Sainte Croix voyant tous ses efforts inutiles, ordonna la retraite, & fit replier les postes à mesure que l'ennemi les dépassoit, avec ordre d'enclouer les canons, & de jetter les poudres à la mer : ce qui fut exécuté. Il prit poste au milieu de l'Isle, entre *Locmaria* & la Citadelle, & y passa la nuit entière en bataille.

Le 23 à dix heures du matin, les ennemis s'avancerent sur trois colomnes d'environ 3000 hommes chacune. Monsieur de Sainte Croix voyant qu'il pouvoit être tourné, se retira derrière le vallon du port *Aulan* où il se tint ferme avec ses troupes, croyant que l'ennemi alloit l'attaquer, & se préparant à défendre le terrein jusqu'à la dernière extrémité ; mais les Anglais se contenterent de se mettre en bataille à une portée & demie du canon.

Monsieur de Sainte Croix fit travailler à des redoutes pour défendre les approches de la Ville & de la Citadelle. On vit ce jour-là aux ennemis 150 hommes de cavalerie.

Le 24 les ennemis passerent un détachement de Cavalerie jusqu'à la pointe de *Sauzon* ; il n'y pris point poste.

Le 25, l'ennemi s'étant emparé de Bordillia, petit village, & s'y étant retranché, Monsieur de Sainte Croix le fit attaquer, l'en chassa, & y établit une compagnie de Grenadiers.

Depuis que les Anglais sont dans l'Isle, il y a eu toutes les nuits des escarmouches entre les troupes avancées, où les nôtres ont toujours eu l'avantage ; ils y ont fait quelques prisonniers. Mr. de la Garrigue fut commandé pour aller chercher avec un détachement un convoi qui étoit arrivé du Port-Louis à un des Ports du Nord-Ouest de l'Isle ; il le fit entrer dans la Citadelle à la vue des ennemis qui n'oserent l'attaquer.

Le 26, on continua à se retrancher de part & d'autre.

Le 27, les redoutes qui commandoient la Ville, & celles qui défendent les approches de la Citadelle, furent perfectionnées.

Le 28, les ennemis commencerent à débarquer leur artillerie au grand sable ; la contrariété des vents leur avoit empêché de le faire jusqu'à ce jour.

Le 29 au matin, Monsieur de Sainte Croix fut obligé de faire replier les postes de la pointe de *Ramonet*, de crainte qu'ils ne fussent coupés par les ennemis, qui prolongeoient leurs travaux,

& qui ont été continuellement inquiétés par le feu de la Place.

ÉTAT des Officiers & Soldats tués & blessés.

RÉGIMENT DE NICE.

Messieurs
- DE POMORIO, Capitaine.
- D'ARADOUR, Capitaine.
- DU VERDIER, Lieutenant des Gren.
- MAULLIEU, Lieutenant en second.
} Tués.

- DUVILLARS, Lieutenant-Colonel.
- DESTIVAL, Capitaine des Grenadiers.
- BOTTEREL DE MORON, Capitaine.
- DABERT, Capitaine.
- CHEV. DE GUIENNE, Lieutenant.
- BOTTEREL, Lieutenant.
- DE PAUL, Enseigne.
- DE COUSIN, Enseigne.
} Blessés.

BIGORRE.

Mr. MICHELET, Lieutenant-Colonel, mourut de ses blessures le 1 Mai.

Mr. DE CASAL, Capitaine des Grenadiers, idem.

Mrs. DUPELLOUX, Capitaine, & ST. SERVIN, Lieutenant, blessés.

Soldats tués 50 blessés 45 de Nice.
17   35 de Bigorre.
1   2 des Garde-côtes.
5   5 Corps-Royal.

TOTAL... 73   87

Le 29 à midi, les vents s'étant calmés, trois Galiotes se sont embossées devant la Place, & l'ont bombardée pendant trois heures sans grand effet; les bombes de la Citadelle leur en ont fait un plus considérable, & les obligerent de se retirer.

Le 30 Avril & le 1 Mai furent employés à perfectionner les redoutes construites pour défendre la Ville, & à canonner les travaux des ennemis. Le 1 Mai vers les dix heures du soir les ennemis vinrent sur trois colomnes pour attaquer *Rosbozer* petit village en avant de la Ville, où étoit un piquet du Régiment de Nice qui fut obligé de se retirer sur le *Potagé*, après avoir perdu un Sergent & quinze Soldats.

Le 2, les travaux du dedans & du dehors se sont faits à l'ordinaire. Les Ennemis pendant la nuit sont venus pour enlever la compagnie des Grenadiers qui étoit à *Bordillia*, commandée par M. de Thun, Capitaine du Régiment de Nice, qui s'est défendu comme un brave Officier. Les ennemis sur trois colomnes ont entouré ce poste; mais M. de Thun s'est comporté avec tant de bravoure & de sang froid, qu'il s'est retiré dans le meilleur ordre jusques sur la redoute. Les Anglais qui avoient amené 400 travailleurs, ont fait faire un retranchement qui fermoit la gauche de leur parallele, qui est hors de la portée du mousquet de nos redoutes: ils se sont étendus par leur droite pendant la journée & pendant la nuit.

Le 3, Monsieur le chevalier de Sainte Croix, jugeant de l'importance du travail des ennemis, a décidé de les y faire attaquer pendant la nuit ; en conséquence il a fait commander 150 hommes par Bataillon, les deux compagnies de Grenadiers de Nice, & 100 hommes de Dinan, avec les Volontaires de Bertrandy, le tout aux ordres de M. de la Garrigue, qui a fait sa disposition pour déboucher sur trois colonnes composées d'environ 200 hommes chacune. Celle de la Gauche étoit commandée par M. du Bousquet, Commandant du Bataillon de Nice ; celle de la droite par M. de Thun, & celle du centre par M. de la Garrigue. Tout est entré en même tems dans le retranchement des ennemis, la bayonnette au bout du fusil, & y ont tué beaucoup de monde. Tandis que les Volontaires de Bertrandy, & 30 hommes de Dinan, qui étoient montés sur l'extremité du côteau, à la droite de *Bordillia*, faisoient un très-grand feu sur les troupes qui étoient dans le fond du petit vallon du village qui aboutit dans le grand vallon de *Kerlan*, dans la direction de la vigne de M. Aubert, où l'on avoit placé 14 Volontaires & 20 hommes de Dinan, pour faire un feu continuel dans le fond du vallon ; & 100 hommes que M. de la Guarrigue avoit postés sur la gauche pour soutenir pareil nombre de travailleurs, qui tachoient de détruire les retranchemens des ennemis. Dans ce moment, Monsieur de la Garrigue appercevant une colonne des Ennemis qui venoit le long du retranchement, pour prendre en flanc la gauche de nos Troupes, il leur fit faire un feu si considérable qu'il les culbuta, & ils n'ont pas parus depuis. N'ayant pas envie de conserver ce poste qui est hors de notre portée, M. de la Garrigue a fait faire la retraite dans le meilleur ordre, amenant avec lui 68 prisonniers, non compris M. de Crawford, Général-Major-Colonel des Volontaires Royaux, & commandant en second des Troupes débarquées, avec ses deux Aides-de-Camps, Messieurs Preston, Capitaine, & Brousse, Lieutenant.

Nous avons perdu dans cette affaire M. de Lescot, Capitaine de Nice tué, & 15 Soldats de son Régiment, M. Ingand, Lieutenant blessé, & 7 Soldats. De Bigorre, 2 Soldats blessés. De Dinan, 3 de tués & 7 de blessés.

Le 4 on a continué à travailler aux redoutes & fait des redans entre les redoutes 1, 2 & 3, à pouvoir contenir 30 hommes. Les Anglais sont revenus dans leur tranchée qu'ils ont prolongée par leur droite ; on a fait pendant la nuit plusieurs petites sorties qui ont interrompu leurs travaux. Nous avions commencé deux petites batteries, l'une dans le prolongement de la Capitale de la redoute N°. 2, & l'autre entre celle N°. 3 & le coin de la muraille de la vigne d'Aubert, pour tirer à richoquet dans leur tranchée.

Le 5, nous avons fini le redan, ainsi que les puits & la redoute N°. 2, & continué à faire ceux des autres redoutes. L'on a continué pendant le jour, ainsi que les précédens, à tirer notre artillerie avec succès sur les batteries ennemies; l'on avoit commencé le 4 les deux petites batteries ci-dessus, l'on a changé de projet par celle du prolongement de la capitale du N°. 2 ; on a placé un redan entre cette redoute & celle du N°. 3.

Les Anglais avoient fait un redan à l'extrémité du côteau de *Bordillia*, pour fermer la gauche de leur parallele, qui communique avec la redoute dudit village par derrière les murs qui soutiennent les terres dans l'intérieur du vallon, sans qu'on puisse les voir d'aucune des parties que nous occupons. Vers les 7 heures du soir ils nous ont tiré 13 bombes ou obus tout à la fois, dont partie est venue à la Citadelle ; une entr'autre étant entrée par le toit du grand quartier, a blessé légérement 4 Soldats Anglais prisonniers. Les Officiers prisonniers à qui on avoit fait préparer des chambres dans led. quartier pour être ensemble avec Mr. de Crawford, n'y étant pas à l'abri des bombes, nous les avons fait rentrer dans les casemates, dans lesquelles ils se sont partagés avec nos Officiers ; M. de Grawford a été mis dans l'entre-sol de la casemate de M. *Dandaure*, Aide-Major de la Place, avec ses deux Aides-de-Camps. L'on a pourvu à ce qu'ils fussent nourris dans le même endroit, & de la même façon que les Officiers français.

Pendant la nuit les Ennemis n'ont travaillé qu'à perfectionner leurs travaux, quelques petites sorties leur ont donné des allertes dans leurs tranchées ; nous avons eu 7 hommes de tués de Nice.

Le 6, les Anglais ont établi plusieurs batteries d'obusiers, de mortiers & de canons, avec lesquelles ils ont fait un très-grand feu sur nos redoutes & la Citadelle, qui nous ont tué & blessé plusieurs Soldats ; ce qui ne nous a pas empêché de continuer à perfectionner nos travaux. Nous avons fait plusieurs sorties pour incommoder les leurs, qui ne consistoient qu'à perfectionner leurs batteries, que nous avons beaucoup incommodées par le grand feu de notre artillerie ; les bombes des Ennemis ont brisé plusieurs plattes-formes, tant de mortiers que de canons, sur-tout pendant la nuit : ils nous ont tué 2 Soldats de Nice, & 5 ont été blessés, 1 de Bigorre blessé.

Le 7, Monsieur le Chevalier de Sainte-Croix, conduit par des principes d'humanité, fit resserrer les Troupes Françaises dans les casemates, en leur faisant prendre la place de ceux qui étoient tués ou aux Hôpitaux, pour laisser deux casemates aux prisonniers Anglais, & les mettre aussi en sûreté que nos Troupes. On a mis jusqu'à présent deux canons de fonte & deux mortiers hors de service ; les plattes-formes ont déja été renouvellées plusieurs fois par la grande quantité de bombes que les Ennemis ont jetté, & par l'effort de nos mortiers. On a fait quelques sorties qui ont un peu retardé le travail des Ennemis, il n'a pas été bien considérable ; il y a eu deux hommes de Nice tués & cinq blessés à la redoute. N°. 3.

Le 8, les Ennemis vinrent s'emparer de Lothudy pendant la nuit ; nous n'y laissions le jour qu'un poste d'un Caporal & six hommes, qui se retiroient la nuit close. Le Caporal étant retourné au point du jour pour reprendre son poste, & l'ayant trouvé occupé, en vint rendre compte à Monsieur de Sainte-Croix, qui fit ordonner un détachement pour les en chasser ; en même tems il les fit canonner & fit jetter deux bombes dans ledit village, qui leur blesserent beaucoup de monde, à en juger par le sang qu'on y trouva répandu ; Mr. de la Garigue le fit occuper sur le champ. Monsieur de Sainte-Croix étant allé faire sa tournée de Postes, il en fit ordonner de petits sous le feu de nos redoutes, pour tirer sur l'Ennemi, dont les sentinelles étoient trop voisines de nous, ce qui les obligea de se raprocher de leur parallèle ; il fit ensuite réoccuper le village d'Holian par un Sergent & quinze hommes ; les Anglais s'en étant apperçûs, envoyerent un détachement considérable pour le reprendre & s'y maintenir en force ; le Sergent fut obligé de se retirer, ce qu'il fit en très-bon ordre.

Monsieur le Chevalier de Sainte-Croix ne voulut pas les faire réattaquer pendant le jour, pour ne pas trop exposer une partie de sa garnison déja très-affoiblie par le feu des canons, des obus & des bombes des Ennemis qui étoient dirigés sur cette partie ; toute la journée fut fort tranquille, les Ennemis ne tirerent que fort peu. Le soir il fut ordonné que les gardes se monteroient à huit heures & demie, tant pour éviter que les Ennemis ne s'apperçussent du moment où on les relevoit, & du nombre des troupes dont elles étoient composées, que pour remplir d'autres objets, qui étoient de se servir de ces nouvelles gardes, n'ayant pas d'autres troupes, de 30 Volontaires, & d'une compagnie de Grenadiers, pour faire tâter le village d'Hollan, & s'en emparer si les Ennemis n'y étoient pas trop en force. M. de la Guarrigue fut chargé de cette commission, avec ordre de ne pas exposer les troupes qu'il avoit, s'il y trouvoit trop de résistance; il les fit tâter par les Volontaires qui poussèrent leurs petits postes avancés jusqu'au village, qu'ils trouverent farci de troupes, & une colonne très-considérable derrière pour les soutenir. Mr. de la Garrigue voyant que ce n'étoit pas le moment d'en former l'attaque, crut devoir la remettre au point du jour, voulant remplir pendant la nuit un autre projet à sa droite sur Lothudy, il y laissa M. de Thun, Capitaine des Grenadiers du Régiment de Nice, avec sa compagnie, & 300 hommes de nouvelles gardes, pour harceler les Ennemis pendant la nuit, & interrompre leurs travaux; ce qu'il exécuta suivant le plan qu'il lui avoit donné, & dont il s'acquitta très-bien.

M. de la Garrigue, suivant l'ordre qu'il avoit de Monsieur de Sainte-Croix, fut prendre 200 hommes qui étoient assemblés à la tête du pont de l'Hôpital, avec la compagnie des Grenadiers du Régiment de Bigorre, & 30 Volontaires, pour se remparer de Lothudy, que l'on avoit dit à Mr. de Sainte-Croix être réoccupé par les Anglais. N'y ayant trouvé personne, & jugeant que les Anglais pourroient y venir reprendre poste pendant la nuit, il disposa ses troupes de façon à faire tomber les ennemis dans l'embuscade. Pendant ce tems il fit démolir tous les murs derrière lesquels les ennemis auroient pu se retrancher. Vers les deux heures & demie, il envoya les Volontaires reconnoître le camp en deçà du ravin de Sauzon, & se mit à portée de pouvoir les soutenir; les Volontaires ayant repoussé les postes avancés des Ennemis, & ayant donné l'alerte dans leur camp, ils vinrent rejoindre M. de la Garrigue; il se posta de-là, avec toute sa troupe, derrière les redoutes de notre gauche, pour attaquer le village d'Hollan au point du jour, & en fit avertir Mr. de Sainte-Croix, qui lui fit ordonner de n'en rien faire, les Ennemis étant considérablement renforcés dans cette partie, & paroissant vouloir faire une attaque de vive force; de sorte qu'il resta dans sa position jusqu'au grand jour. N'ayant apperçu aucune disposition de la part des Ennemis qui eût d'autre objet que de pourvoir à leur sûreté, il fit retirer ses troupes à la Citadelle: nous ne perdimes cette nuit que 2 Soldats tués & 6 blessés.

Le 9, les ennemis canonnerent & bombarderent très-vivement les redoutes, sur lesquelles ils jetterent une grande quantité d'obus; elles ne cessèrent de tirer sur les Ennemis, qui étoient en dehors de leurs retranchemens, & sur ceux qui travailloient au village d'Hollan. Nous eumes un Officier & 3 Soldats blessés. Les Anglais ayant jetté une grande quantité de bombes dans la Citadelle, une d'elle vint crever entre deux casemates occupées par les prisonniers Anglais qui étoient dans la petite cour qu'on leur a fait occuper; il y en eut 7 de blessés, dont 6 eurent les jambes emportées.

M. de Boquenay, Officier de la Compagnie des Indes, M. de Blaveau, ingénieur, & M. du Tastel, Officier d'Artillerie, arriverent à onze heures du soir de Quiberon, & nous apporterent les nouvelles de Mr. le Duc d'Aiguillon.

Le 10, les Ennemis ne cesserent de canonner & de jetter une grande quantité de bombes & d'obus dans la Citadelle & dans les redoutes; leur feu nous tua ou blessa 5 hommes de Bigorre, 2 de Nice, & 2 de Dinan. Le feu continuel de notre artillerie & mousqueterie leur a fait perdre du monde, à en juger par les blessés que l'on a vu emporter. Le camp qui étoit à gauche du chemin de Sauzon a marché par sa droite à 5 heures du soir, pour venir camper en arrière de Kerdener; la gauche & la droite appuyées aux deux vallons qui aboutissent au Potager.

Le 11, les Ennemis nous ont jetté beaucoup de bombes & d'obus pendant la nuit & pendant le jour; nous avons perdus 2 hommes tués & un blessé de Nice, & 4 blessés de Bigorre, pendant la nuit dans les redoutes. Les Ennemis avoient commencé une sape pour couronner le petit vallon qui est en avant de leur gauche, & qui sépare le petit côteau de Bordillia de la vigne de M. Aubert; mais le feu des Volontaires de Bertrandy, & les petits détachemens de la redoute N°. 3, ont interrompu leurs travaux, qu'ils ont cessés. Une bombe qui est tombée dans la Citadelle, a tué 2 Soldats de Nice & en a blessé 3; 3 Soldats de Bigorre ont pareillement été tués, & 3 blessés, ainsi que 2 Canonniers Garde-Côtes.

Le 12, les Ennemis n'ont pas augmenté leurs travaux, ils n'ont travaillé qu'à perfectionner leurs batteries, sur tout celle qui est entre la Croix d'Hallan & la gauche, où il y a 11 embrasures ouvertes, & n'y ont encore que 7 pièces de canons de 23, & 16 obusiers. Ils ont toujours sur le côteau de *Ramonet* 3 pièces de 11; au Village d'Hallan 3 pièces de 11 & 4 obusiers; dans la batterie au-dessous de Bordillia 3 pièces de 11, 14 mortiers & 4 obusiers; à Rosbofer 3 pièces de 11 & 3 obusiers. Ils nous ont tiré pendant la nuit, & toute la journée, beaucoup de bombes, d'obus & de canons sur nos redoutes & sur la Citadelle; nous avons eu un Officier blessé, 2 Soldats de Nice tués & 4 de blessés; de Dinan 2 blessés; un Canonnier tué, 2 blessés. Nos redoutes & nos petits postes avancés ont fait un très-grand feu sur les Ennemis, ainsi que nottre artillerie.

Le 13, le feu a été si vif pendant la nuit sur les redoutes Nº. 1 & Nº. 2, qu'il n'a pas été de quart-d'heure que les Ennemis n'ayent jettés 60 obus ou bombes sur ces redoutes, qui blessoit souvent 3 ou 4 hommes chaque décharge, de 100 qui y étoient pour les défendre ; & sur la représentation des Corps des différens Officiers qui commandoient dans ces redoutes, & se chargeoint de les défendre avec 50 hommes, M. le Chevalier de Sainte-Croix ayant permis à M. de la Garrigue de n'y laisser que 50 hommes pendant le jour, & de mettre 20 hommes du second piquet avec le Lieutenant à la communication ; le reste dudit piquet avec le Capitaine, devant se poster à la première maison du Palais qui n'en est qu'à 100 pas, avec ordre de rentrer dans la redoute au premier coup de fusil ou au premier mouvement que l'on verroit faire aux Ennemis ; M. de la Garrigue ayant reconnu dans les tournées qu'il faisoit pendant la nuit, que le Soldat étoit trop serré pour pouvoir se garantir au moyen des traverses de la quantité de bombes & d'obus qu'on leur jettoit dans le même instant, & croyant pouvoir compter sur la parole des Officiers qui s'engageoient de les défendre, ordonna aux Capitaines qui devoient se retirer, de ne le faire qu'à quatre heures & demie du matin par parcelle de 4 hommes, pour que les Ennemis ne s'en apperçussent point, & d'y rentrer au moment qu'elles seroient ménacées ; ce qui a été très-bien exécuté aux redoutes Nº. 1 & 3 ; mais le second Capitaine du Nº. 2, trop pressé de sortir de sa redoute, mit sa Troupe en file, & la suivit avec asiez de précipitation pour faire croire aux ennemis que les Troupes fatiguées du feu continuel qu'on leur faisoit, abandonnoient leurs redoutes : en conséquence ils rassemblèrent toutes leurs Troupes qui étoient dans leur tranchée au nombre de 1500 hommes, & se portèrent à cinq heures du matin, sur la redoute Nº. 1, où M. de Guyen, Capitaine au Régiment de Nice, les reçut de façon à les rebuter, & donner le tems à M. de Vavre, avec ses 30 hommes, de s'y porter, & de les replier. Ils se jettèrent avec 60 hommes sur le Nº. 2, où l'Officier ainsi que les Soldats étoient assis contre le parapet, lorsqu'averti par le Lieutenant, que les Ennemis venoient à lui ; le Capitaine dit à ses Soldats, *Enfans, défilons* ; il embandonna la redoute sans la défendre. Il y entra ensuite avec 5 hommes. Les Ennemis instruits du seul chemin qui y étoient, par les Soldats qui fuyoient & le Capitaine qui y entroit, prirent le Capitaine & les 5 hommes qui étoient avec lui. M. de la Garrigue qui avoit laissé tout tranquille dans cette partie à quatre heures & demie, avoit renvoyé les trois piquets du bivouac, qui couchoient à la tête

du Palais, & continuoit sa tournée par sa droite, lorsque l'Officier de la redoute Numero 4, lui dit qu'il venoit de voir une colonne de 1500 hommes sortir de la tranchée, & se porter avec précipitation sur les redoutes de la gauche. Il entendit alors une fusillade très-vive, & descendit avec beaucoup de promptitude au pont de l'Hôpital, prit la première Companie des Grenadiers de Nice, trouva celle de Bigorre, & plus haut les deux piquets & la seconde Compagnie des Grenadiers de Nice, que M. le Chevalier de Sainte-Croix qui voyoit la manœuvre des Ennemis, lui renvoyoit au secours des nôtres. Il les mit en ordre dans la rue des Fours, & marcha au redan de la redoute Numero 2, avec la valeur dont il est capable, pour prendre l'Ennemis en flanc. Il fut étonné de trouver 300 Anglais dans la redoute, & un corps considérable qui la soutenoit à l'angle flanqué, & qui faisoit travailler à remplir le fossé, pour se faire une communication. Toutes les Troupes lui firent un feu très-roulant & très-vif, pendant que deux pièces de canons chargées à cartouches les prenoient en flanc. Jugeant de l'impossibilité d'attaquer un ouvrage de cette espèce de vive force, sans avoir à coups de canons rompu les palissades & les abbatis, M. de la Garrigue jugea à propos de se retirer pour défendre l'entrée du Palais, jusqu'à ce que notre artillerie eut pu lui frayer un passage ; mais les Canonniers qui avoient passé la nuit aux batteries, avoient été se reposer dans différentes casemates, on les rassembla aussi-tôt ; mais M. de Sainte-Croix ne pouvant croire que cette redoute fut prise sans se défendre, voyant un feu continuel qui en sortoit, la fumée empêchant de distinguer qui y étoit, ne voulut pas faire tirer dessus, ce qui donna le tems aux Ennemis de s'y fortifier, & de faire craindre à M. de la Garrigue qu'ils ne pussent venir attaquer le Palais par les rues des Ormeaux & des Dames, & ne lui coupassent le chemin de la Citadelle, ce qui lui fit prendre le parti de se retirer, ce qu'il fit en bon ordre, disputant à coups de fusils le terrein aux Ennemis qui le suivoient, ce qui donna le tems à M. de Vavre de sortir de la redoute Numero 1, avec 25 hommes, ayant usé toutes ses cartouches, & les fusils étoient si brûlans qu'il ne pouvoient plus les tenir. M. de Guyen qui y commandoit, en faisoit l'arrière-garde, ayant été coupé par les Ennemis, fut obligé de se rendre, après avoir perdu la moitié de son piquet. M. de la Garrigue ayant été blessé légérement aux reins au commencement de l'action, qui dura près de trois heures, fit retirer les trois Compagnies de Grenadiers de Nice & Bigorre, & 2 piquets de Nice, dans la Citadelle, laissant 30 Grenadiers des trois Compagnies commandés par M. de Courceron, Lieutenant des Grenadiers de Nice, pour tenir
ferme

ferme dans la Ville, & donner le tems aux 100 hommes qui étoient dans chacune des redoutes Numeros 3 & 4, & les Volontaires de Bertrandy qui étoient dans la vigne d'Aubert, de se retirer, suivant l'ordre que lui avoit envoyé M. le Chevalier de Sainte-Croix, à huit heure & demie.

L'on ne peut que se louer de la conduite de Messieurs de Guyen, de Vavre, Capitaines de Nice, de Trevinal & Donorati, Officiers du même Régiment, & de M. Merle, Lieutenant de Bigorre, qui ont tenu jusqu'à la dernière extremité, & fait un feu continuel sur l'Ennemi, & ne se rendirent qu'à dix heures, ayant consommé toutes leurs munitions sans espérance de secours; M. le Chevalier de Ste. Croix voyant trois colonnes qui venoient par le vallon du Potager sur les redoutes Numeros 5 & 6, & le pavillon Foucquet qui n'étoit pas en état de resister, étant trop éloigné de la place pour être soutenu, donna ordre à ce poste de se retirer. Pendant ce tems il fit pourvoir aux besoins des Hôpitaux de la Ville & de la Citadelle ; il donna pareillement ses ordres pour la répartition des troupes necessaires dans les différents postes, les ouvrages & les chemins couverts.

Le 14 a été employé à faire les réparations aux ouvrages, travailler aux traverses pour les défiler, ainsi que les chemins couverts, ôter de la Citadelle les débris combustibles, & déblayer des décombres intérieurs occasionnés par les batteries des Ennemis. Ils ont fait une communication des redoutes Numeros 1 & 3, qui se joignent à la Chapelle Saint Sébastien, à l'entrée de la rue des Ormeaux.

Le 15, les Ennemis ont perfectionné cette communication qui forme la seconde parallele, ont épaissi les parapets des redoutes du côté de la Citadelle ; nous avons tâché de les interrompre autant que nous avons pu avec notre artillerie, qui devient de plus en plus en mauvais état. M. le Chevalier de Sainte-Croix a fait travailler dans l'intérieur du moulin de Rozelières, pour pouvoir le défendre ou le faire sauter, en cas que les Ennemis nous obligent à l'embandonner. L'on a continué à faire des traverses dans les chemins couverts & des blindages, pour garantir les Soldats qui les défendent des éclats des bombes & obus, ainsi que dans les differens ouvrages. L'on a fait une rampe vis-à-vis les fours du grand quartier, qui n'avoit qu'une seule communication : l'on a toujours continué de travailler au déblai des effets conbustibles.

Le 16, les Ennemis ont fait une communication à la redoute Numero 4 jusqu'au cimetière des soldats, auprès de la redoute Numero 5, & l'autre communication de la redoute Numero 3, & ont commencé un zigzag dans la communication Numero 1 qui est défilé de la Citadelle ; elle est parallele au bastion du

B

grand cavalier. Nous avons travaillé au béblayement de la Citadelle, à abbattre les toits, ôter les planches. Notre travail ordinaire aux batteries continue, ainsi qu'aux traverses.

Le 17, les Ennemis ont épaissi le zigzag d'auprès le Numero 1. ainsi que la communication du Numero 4 au cimetière. Ils y ont planté des piquets & des saucissons, ce qui donne lieu de croire que ce sont des batteries qu'ils dégorgeront. En entendant, ils jettent une grande quantité de bombes & d'obus toutes les demi-heures. On en a compté jusqu'à 42 en l'air d'une seule batterie qu'ils ont dans le vallon du Port Hallan. On a travaillé aux deblais, & à éteindre le feu qu'ils avoient mis en plusieurs endroits de la Citadelle avec des pots à feu qu'ils jettent continuellement, & sur-tout dans un magasin au bois, ce qui n'a pas eu de suite. Il y a eu 5 hommes de blessés de Nice, 3 de Bigorre, & 4 de Dinan.

Le 18, les Ennemis ont continué à perfectionner leurs travaux. Ils ont transporté des saucissons de la batterie qu'ils ont dans la direction du Gouech, dans une nouvelle batterie au pied de la redoute Numero 1. Ils ont fait une petite batterie qu'ils ont démasquée de deux pièces de canons sur la petite plate-forme, à gauche du port Hallan, qui a été bientôt démontée. Ils continuent à tirer avec les 7 pièces qui sont à la batterie du Gouech, ce qui a un peu endommagé notre quartier & notre batterie de la face du bastion du Gouvernement; les bombes & les obus ont toujours tiré avec la même force, sans cependant faire un trop grand effet. Notre artillerie a fait des merveilles, quoiqu'endommagée par les batteries des Ennemis. Nous avons travaillé à les raccommoder, ainsi qu'au déblai de la Citadelle, & à nos traverses. Il y a eu 5 Soldats de Nice blessés, 7 de Bigorre, & 3 de Dinan.

Le 19, les Ennemis ont dégorgé 11 embrasures à la batterie au-dessous de la redoute Numero 1. Notre artillerie a empêché par un feu très-vif & très-suivi, l'établissement de leur canon. Nous avons travaillé à nos déblais, & à jetter les bois & autres effets conbustibles à la mer, à ranger nos magasins au bois en les mettant par tas dans les faussés, pour éviter l'incendie générale. Nous avons eu un Soldat de Nice blessé; 4 de tués de Bigorre, 3 de blessés, & 2 de Dinan blessés.

Le 20, il a beaucoup plû pendant la nuit; les Ennemis ont fort peu tiré, & ont tâché, ainsi que nous, de rétablir leurs batteries. L'on a travaillé à la démolition du pignon du grand quartier, au-dessus de la cuisine de l'Hôpital; à remplir nombre des bariques d'eau de mer dans différens endroits de la Citadelle, travaillé au moulin de Rozelières, & à la tour de la Marine, pour les mettre en état de défense. L'on a changé les 2 mortiers du donjon pour les mettre à l'abri d'être enfilés ; l'on a tracé le soir 4 embrasures sur la courtine du Lieutenant du Roi. Deux barils de poudre ont sauté, à l'angle flanqué du bastion du Gouvernement, qui ont enlevé la guéride & tué deux hommes. Le feu de notre artillerie s'est un peu ralenti, ayant besoin de ménagement, les lumières étant d'une largeur étonnante. Nous avons eu 2 Soldats de Nice blessés, 1 de Bigorre tué, & 3 de Dinan blessés. Du 19 au 20, & du 20 au 21, deux de Nice tués, 2 blessés, un de mort à l'Hôpital, & un déserté ; un blessé de Bigorre & un de Dinan.

Le 21, les Ennemis ont poussé un zigzag de la communication du Numero 3, jusqu'au Calvaire, & un autre en retour du Calvaire sur la direction du mur supérieur du jardin de M. Aubert, au-dessus de l'Église du Palais. Ils ont raccommodé & augmenté leurs batteries au-dessous du Numero 1 ; ils y ont 16 embrasures dégorgées, il n'en ont pas encore tiré. Ils ont épaissi le parapet de leur tranchée & des autres batteries au-dessous du Calvaire, & au cimetière des Soldats, qui ne sont pas encore dégorgées. Nous avons travaillé au déblayement de la Citadelle, à ôter des poudres des bâtimens démolis, pour faire des blindages dans une partie des endroits où il en seroit besoin ; à établir les 2 mortiers du donjon à l'ouest ; à mettre le reste du tabac qui étoit dans une chambre enfoncée par les bombes, dans une petite casemate, à côté de la batterie souteraine, sous le flanc gauche du bastion du Major. M. de Fontgievre, Lieutenant-Colonel de Bigorre, a été blessé d'un éclat de bombe à la main ; M. Duchesnay, Capitaine de Dinan, a eu une forte contusion à l'épaule.

Le 22, il a beaucoup plû pendant la nuit & le jour, ce qui a ralenti le travail des Ennemis, qui ont peu tiré pendant le jour & point pendant la nuit. Ils ont peu prolongé leur zigzag au-dessus des murs de la maison d'Aubert. Nous n'avons fini qu'aujourd'ui le travail intérieur du moulin de Rozelieres, soit pour couper les bois qui embarassent, soit pour établir des échaffauts pour tirer sous le toit ; & charger les petites mines qui y sont ; on a travaillé à celles qui sont sous la gorge du petit luneton ; on a commencé à entourer la porte, ainsi que celle de la gallerie crenelée avec des palissades. Notre batterie de 4 pièces de canons sur la courtine du Lieutenant de Roi, au sud, a été finie, & les canons y ont été transportés du bastion du Gouvernement où ils étoient. Tous les arbres des remparts ont été ébranchés pour faire des saucissous. On a continué à travailler au déblayemtnt de la Citadelle on a pris la casemate du Numero 22, où étoient les Grenadiers, pour faire un accroissement à l'Hôpital; partie des Soldats qui étoient dans la casemate Numero 16, ont reflué dans les autres casemates, pour faire place aux Grenadiers. Les Ennemis sont venus le soir vers les 10 heures attaquer le moulin de Rozelieres; Mr. de Thun, Capitaine des Grenadiers de Nice, qui étoit au chemin couvert avec sa Compagnie, les a repoussés, on y a mis un Sergent & 10 hommes, qui se sont joints aux six Grenadiers qui y étoient, à qui l'on a envoyé 32 grenades & 20 obus. Il y a eu un Soldat de Nice tué & trois de blessés, un de tué & 5 de blessés de Bigorre.

Le 23, les Ennemis nous ont jetté beaucoup de bombes & obus pendant la nuit; ils ont monté leurs 16 piéces de canons dans la batterie au-dessous de la redoute Numero 1, qui ont commencé à tirer ce matin avec beaucoup de vivacité, ainsi que leurs mortiers & obusiers; ils ont continué à épaissir la droite de leur zigzag qui va du Calvaire au chemin de la Chapelle des Dames, ainsi que celui de leur gauche, qui part du même point du Calvaire au-dessus de la maison du jardin d'Aubert. Il ne paroît encore rien au-dessus du cimetiere des Soldats, ils continuent cependant à en épaissir & élever le parapet. Notre artillerie a fait un très-grand feu ce matin; une de nos piéces a eu l'essieu & le moyeu emportés d'un coup de canon, qui a tué un canonnier de Nice. On travaille à faire des saucissons des branches du rempart, les déblais de la Citadelle se continuent toujours. Il y a eu un Soldat de Nice blessé, deux de Bigorre tués, & deux de blessés; de Dinan deux de blessés & un de mort de ses blessures à l'Hôpital. Depuis plusieurs jours nous faisons un très-grand feu de notre mousqueterie, de la vieille enceinte sur la batterie des Ennemis, où ils travailloient & chargeoient à découvert, ce qui a ralenti leur travail & leur feu.

Le 24, les Ennemis ont fait un très-grand feu de leurs 16 piéces de canons sur la courtine du Lieutenant de Roi; ils ont démonté deux de nos piéces & ont fait bréche à la muraille du rempart; ils ont démasqué neuf embrasures dans leur zigzag de la gauche du Calvaire, mais ils n'y a pas encore de canons; nous tâchons toujours d'interrompre leurs travaux avec nos mousquets de rempart, notre artillerie étant en très-mauvais état; Mr. du Tastel, Officier d'Artillerie, à été légèrement blessé à la tête, ce qui ne l'empêche pas de continuer ses services; Mr. de Blaveau, Ingénieur, a eu une contusion au bras, ce qui n'a pas ralenti le zèle de ces deux Officiers. On travaille à renforcer le derrière du pont du Bourg, qui feroit vu en plein de la batterie que les Ennemis pourroient établir à la vigne de Lamy, dont ils ont crenelé les murs. Depuis que les Ennemis nous entourent de si près nous ne nous servons plus de cette porte, l'on passe par les communications souterraines des flancs droits des bastions du magasin à poudre & du Major, qui descendent dans le fossé, d'où on monte dans la vieille enceinte, & où il y a cinq communications, par où l'on peut se porter du fossé dans les deux demi-lunes & chemins couverts, par les escaliers des places d'armes rentrantes; On va au pont du Palais par la gallerie souterraine crenelée, qui traverse du fossé sous le chemin couvert de la glacière, qui aboutit auprès du petit luneton, où l'on a fait une espèce de retranchement jusqu'au coin de la muraille de la porte du Bourg.

Le 25, les ennemis ont démasqué 6 embrasures au cimetière des Soldats, d'où ils tirent continuellement à cartouches & boulets sur les chemins couverts de la vieille enceinte; ils ont aussi 4 obusiers & 4 mortiers auprès de la redoute numero 4, qui prennent dans le prolongement de la face gauche du cavalier du magasin à poudre, qui enfile la courtine du Lieutenant de Roi, & toute la place de la Citadelle. Les 16 pièces qui sont sous la redoute numero 1, ont fait un feu étonnant sur cette courtine, où ils ont fait une bréche assez considérable malgré le grand feu de 4 de nos pièces de canon qui leur en ont démonté 7; les 9 autres pièces n'ont point discontinué de tirer par salves toute la journée, ainsi que 2 mortiers & deux obusiers qu'ils ont aussi établi auprès du jardin de M. Detaille, au-dessus de la rue du Four. Ils ont aussi raccommodé les embrasures de la batterie du Calvaire que nous leur avions ruinées; une de leurs bombes a enfoncé la porte qui communique de la vieille envelope avec la tenaille au-dessus du Port que l'on a fait raccommoder. Nous avons toujours fait un grand feu de notre mousqueterie sur les travailleurs, & dans les embrasures lorsqu'ils y paroissoient, ce qui a un peu ralenti leur travail. On a travaillé à saper l'intérieur du mur du grand quartier, pour que le canon des Ennemis le fasse tomber en dedans. On doit travailler à faire une traverse au grand cavalier pour le défiler des batteries du numero 4 au cimetière des soldats, & à raccommoder nos embrasures, qui ont beaucoup souffert, & dont la bréche a emporté une partie.

Le 26, il a fait un tems épouvantable pendant la nuit, les Ennemis n'ont tiré que quelques bombes, & n'ont pas rétabli entièrement leur batterie au-dessous de la redoute numero 1, mais ils ont continué la communication du Calvaire jusqu'au coin de la muraille au-deſſus du jardin de M. Savignon, à côté de celui d'Aubert; ils n'ont tiré que deux petites pièces de la batterie du Calvaire, les autres embraſures étant maſquées avec des ſauciſſons. Ils ont jetté pendant la journée beaucoup de bombes & d'obus du vallon du Port Hallan & de la redoute numero 4; ils ont continué à épaiſſir leur communication. Malgré le mauvais tems nous avons retabli une batterie de 4. piéces de canons ſur la courtine du Lieutenant de Roi; on a commencé des traverſes dans la vieille envelope, vis-à-vis la face gauche du baſtion du cavalier; on travaille à enfoncer les batteries de cette face, pour donner plus d'épaiſſeur au parapet qui en a fort peu.

On a fait une traverſe à la face du cavalier, pour empêcher la batterie de la gauche d'être priſe en rouage par les obus de la redoute No. 4, & empêcher qu'elle n'enfile la courtine du Lieutenant de Roi; on a fait auſſi une traverſe ſur la place, pour empêcher que les obus, qui prennent également la Place en toute ſa longueur, ne tombent le long du quartier où ſe tiennent les Soldats qui y font la ſoupe, & ceux qui pendent le jour ne peuvent tenir dans leurs caſemates. On continue toujours le travail des déblais de la Citadelle; une bombe des Ennemis a mis le feu à une très-grande quantité de planches, & autres effets combuſtibles de l'intérieur des charpentes & menuiſeries des bâtimens de la Citadelle, que l'on avoit jetté par-deſſus le rempart du côté de la mer, & qui s'étoit accumulé & arrêté ſur les rochers, ce qui a occaſionné un très-grand feu auprès de la tenaille, où il y avoit beaucoup de bois de chauffage qui avoient été préſervé de l'incendie par les précautions que l'on y a priſes. Nos 4 pièces de canons ont été très maltraitées pendant la nuit, il n'en reſtoit plus que 2 qui puſſent tirer. M. de Thun, Capitaine des Grenadiers de Nice, & M. Durbois, Lieutenant, bleſſés légérement. Il y a eu cinq hommes de Nice bleſſés & un mort à l'Hôpital; de Bigorre, quatre bleſſés & un tué; de Dinan, Monſieur le Chevalier du Cheſnay bleſſé légérement, cinq hommes bleſſés & un tué.

Le 27, il a fait un tems affreux pendant la nuit, & une grande partie de la journée, qui a peu permis aux Ennemis de travailler, ainſi qu'à nous; ils nous ont jetté peu de bombes pendant la nuit, mais ils nous ont tiré quelques obus & canons chargés à cartouches, des batteries du Numero 4. & du cimetière des Soldats; pendant la journée il nous ont jetté une grande quantité de bombes & d'obus, & beaucoup tiré ſur la courtine du Lieutenant de Roi, ainſi que ſur l'envelope qui eſt vis-à-vis où ils ont commencé une petite bréche; notre Artillerie a tiré tant qu'elle a pu des deux pièces qui lui restoient. On travaille à refaire les embrasures de la face gauche du grand cavalier & l'épaulement de la face droite ; les Ennemis ayant abattu une partie du parapet de la petite tenaille de l'entrée du Port, & la garde qui y étoit étant plongée de très-près ; Monsieur le Chevalier de Sainte-Croix jugea à propos de retirer cette garde pendant le jour, & d'y faire faire des patrouilles continuelles, par les deux piquets qui sont sous la poterne, pendant la nuit, commandées par des Sergens & Caporaux, & lorsque la mer est basse par des Officiers, cette partie étant susceptible d'être insultée si l'on y étoit pas sur ses gardes ; deux autres piquets d'augmentation couchent dans les deux poternes des flancs qui servent de communication de la Place dans le fossé & delà dans la vieille enceinte moyennant ces précautions, on ne doit pas craindre de surprise. Nice a eu sept blessés & un mort à l'Hôpital ; Bigorre un tué, quatre blessés ; Mr. de Merdiec, Lieutenant de Dinan, tué, & sept blessés.

Le 28, nous avons travaillé pendant la nuit au déblayement des bréches, dont les décombres ont été portés partie contre le long du petit mur qui joint la vieille enceinte, à l'angle de l'épaule de la face droite du bastion du Gouvernement, l'autre partie pour élever les traverses qui sont dans la vieille enceinte, ainsi que la caponnière qui couvre le chemin de la poterne du bastion du Magasin à poudre à la vieille enceinte, dont le fossé est enfilé par une partie de la parallèle des Ennemis, qui passe au-dessus des murs du jardin d'Aubert. On a continué pendant la nuit de travailler à la batterie du cavalier, & à l'épaulement de la droite. Les Ennemis ont fait un très-grand feu, depuis la pointe du jour, de leur mousqueterie, bombes & obus, qui ont beaucoup dérangé le travail du cavalier, & ont rompu une plate-forme qui venoit d'être faite ; ils ont recommencé à tirer de leur batterie de 16 pièces qui est au-dessous du Numero un, par salves, contre la courtine du Lieutenant de Roi, dont ils ont un peu aggrandi la bréche; ils ont fait peu de chose à celle qu'ils avoient commencée sur la petite courtine de l'envelope auprès de l'angle du flanc; mais ils en ont fait une autre à la face du demi-bastion, qui est au milieu du Port, où aboutit l'extrémité de la tenaille.

Nos deux pièces de canons de la courtine du Lieutenant de Roi ont toujours tiré, malgré le grand feu des Ennemis. Nous avons été avertis une heure après midi qu'une Frégate Angloise étoit venue de la pointe des Poulains, entre Quiberon & nous, avoit mis un pavillon rouge, & avoit tiré quatorze coups de canons, qu'ensuite on avoit vu arriver trois Vaisseaux de 74 pièces de canons ; deux autres de la même grandeur armés en Flûtes, & trois gros Bâtimens de transport qui ont été au Port Yorc, & y ont débarqué environ 2000 hommes, qui ont longé le côteau entre le Port Yorc & le moulin à l'eau ; ils sont descendus dans le fond, & nous ne les avons plus revus. Il y a eu un homme de Nice tué & sept de blessés ; neuf de Bigorre blessés, dont cinq entrés à l'Hôpital ; de Dinan six de blessés & un de mort.

Le 29. On a travaillé hier au soir à porter beaucoup de blindages dans le fossé, que l'on a posé contre les murs de la courtine du Lieutenant du Roi, le flanc & une partie de la face gauche du bastion du cavalier, de façon qu'on peut mettre de la poudre derrière, pour jetter au loin les décombres de la bréche, lorsqu'elle approchera de sa perfection. Nos trois pièces de canons du cavalier ont commencé à tirer au point du jour, & ont continué toute la journée, malgré le feu des Ennemis qui a été très-vif en mousquetterie, obus, bombes & canons, qui ont élargi les bréches du corps de la Place, & de l'envelope qui est très-décidée à la face de ce demi-bastion qui est vers le milieu du Port ; ils n'ont que fort peu tiré à l'angle du flanc de ce demi-bastion : C'est sur cette détermination que M. le Chevalier de Sainte-Croix a adopté le projet de M. du Bouchet, d'un retranchement derrière la bréche qui enveloppe par un rentrant presque toute la capacité du demi-bastion. On a toujours continué à déblayer la bréche & y porter des blindages pour mettre dessous. La terre des décombres se régale dans le fossé, ainsi que celle que l'on tire du petit fossé qui doit former le retranchement sur le haut de la bréche. Des deux piquets qui ont coûtume de coucher sous la porte du donjon, un se mit sur l'entre-sol qui servoit autrefois à faire de l'artifice, il y restoit encore un peu de poudre sur la table, le feu y prit, de-là à un pot à feu, & à la plûpart des cartouches des Soldats, dont 25 furent brulés; les autres se croyant perdus, se précipitèrent pour sortir, Mr. de la Ville, Lieutenant de Roi, qui y étoit, fut foulé & blessé à la main & au genou ; M. de Montbaron, Capitaine de Nice, avoit été tué auparavant par un éclat de bombe ;. Mrs. de Vavre & Tarnaud, Capitaines du même Regiment, blessés ; Mr. de Boneau, Lieutenant, blessé, ainsi que 33 Soldats, dont 21 entrés à l'Hôpital, un de tué & deux de morts de leurs anciennes blessures ; Bigorre, neuf blessés & un de tué dans le moment de cet accident. Monsieur le Chevalier de Sainte-Croix étoit allé examiner les bréches avec Mrs de la Garrigue & du Bouchet, ce qu'ils font tous les soirs ensemble, & pendant le jour chacun y va en particulier, & se rendent compte de l'état des choses.

Le 30, on a travaillé pendant la nuit à faire un retranchement derrière la bréche de l'enveloppe, quoique le terrein soit fort étroit, & à déblayer celle de la courtine du Lieutenant de Roi, dont les terres ont été régalées, partie dans le fossé, partie le long du petit mur qui joint le flanc de la Poterne, & partie dans les tonneaux, dessus la caponniere de l'angle de l'épaule de la droite du bastion du magasin à poudre. On a fait sauter au point du jour le moulin de Rozelieres, qui étoit percé par les canons du cimetière des Soldats. Les Ennemis nous ont laissé fort tranquilles cette nuit, & n'ont commencé à tirer avec violence qu'à cinq heures du matin, de leurs mortiers, obusiers & mousqueterie sur la bréche de l'enveloppe & la batterie du grand cavalier. Ils ont commencé à neuf heures à tirer de leur batterie du Calvaire sur la face du bastion du Gouvernement, & ont fait pendant la nuit une communication du pont de l'Hôpital par les derrières des maisons opposées, pour gagner le dessus des murs des jardins de Galenne. Il est arrivé à quatre heures après midi de la partie de l'Ouest, un Vaisseau, une Frégate & trois Bâtimens de transport chargés de Troupes.

Messieurs les Commandans des Corps de la Garnison vinrent représenter à Monsieur le Chevalier de Sainte-Croix le mauvais état de la Place, & qu'il seroit bien malheureux pour des Régimens qui avoient si bien servi, d'être obligés de prendre la loi du vainqueur, & d'être prisonniers de guerre ; que ne pouvant espérer de secours, il convenoit mieux de rendre la Place vingt-quatre heures plutôt, & conserver quatre bataillons au Roi : Monsieur le Chevalier de Sainte-Croix leur fit convenir que cette représentation étoit un peu prématurée, que quoiqu'il y eût bréches au Corps de la Place & à l'envelope, elles n'étoient pas encore praticables, & que si dans ce moment il vouloit se rendre, eux-mêmes seroient sûrement les premiers à s'y opposer ; que quand les choses seroient plus avancées, il feroit assembler le Conseil de Guerre, & leur demanderoit leurs avis, persuadé qu'ils seroient toujours conformes à la gloire des Armes du Roi ; qu'il ira ce soir, selon son usage, visiter les bréches pour en juger par lui-même.

Nice a eu deux Soldats tués & dix de blessés, trois de morts à l'Hôpital ; Bigorre, trois de tués & trois blessés ;

Dinan, un de mort à l'Hôpital.

Le 31, nous avons continué pendant la nuit le retranchement derrière la bréche de l'enveloppe & déblayé celle du Lieutenant du Roi. On a renforcé & rempli les intervalles des tonneaux qui élevent le parapet de la caponière du flanc droit du baſtion Dauphin & du Cavalier, pour couvrir ce paſſage, qui étoit enfilé par la hauteur du Calvaire. On a racommodé le pont levis de la poterne de l'Hôpital, pour ne pas le laiſſer encombrer par les débris de la bréche que l'Ennemi pourroit faire au flanc qui voit en plein la batterie du Calvaire, qui paroît deſtinée à tirer ſur la face du baſtion du Gouvernement; quoique quelquefois elle dirige ſon feu ſur la face du baſtion de l'enveloppe, dont la bréche s'agrandit, ils n'y ont cependant pas tiré pendant la nuit qui a été fort tranquille, & n'ont commencé leurs ſalves des deux batteries que vers les cinq heures du matin, qui avoient été précédées par les ſalves de bombes & d'obus, qui ont continué tout le jour; ils ont beaucoup tiré de leurs 26 pièces de canons des deux batteries, ſur la face droite du baſtion du Gouvernement, & la face du baſtion de l'enveloppe du milieu du Port. La première bréche qu'ils n'ont commencée qu'hier, en démaſquant les 10 pièces de la batterie du Calvaire, n'a ce ſoir, à neuf heures & demie qu'environ 4 toiſes de large ſur 2 pieds de profondeur. La ſeconde, qui eſt celle de l'enveloppe qu'ils ont commencé à battre le 28, eſt d'environ 20 pieds de large, à peu près au niveau de la tenaille, & de 8 pieds de profondeur; la hauteur va en retreciſſant juſqu'au haut de la muraille. Ils n'ont pas encore percé l'épaiſſeur du mur, la terre ne paroiſſant pas. Ce qu'on a rapporté du fond de la bréche, eſt pierre calcinée & mortier. Ils n'ont que très-peu tiré ſur l'ancienne bréche de la courtine du Lieutenant du Roi, dont ils n'ont enlevé que la chemiſe du bas, & ont raſé toute la muraille ſupérieure juſqu'au deſſous du cordon, qui a fait écrouler une grande partie du parapet, que l'on avoit répaiſſi en-dedans, lorſque l'on a refait la batterie; ils ont auſſi tiré ſur le cavalier, & ont demonté une pièce de canon, de ſorte qu'il n'y en a plus que deux qui puiſſent tirer. Nous avons continué à travailler pendant le jour au retranchement derrière la bréche de l'enveloppe: on a approviſionné ce ſoir les deux côtés de ce retranchement, avec des grenades & obus, au cas que l'ennemi veuille tenter à monter de la bréche de l'enveloppe ſur la tenaille, quoique cela ſoit difficile. Ils ont fait dans la Ville un retranchement, en bariques remplies de ſable, qui traverſe toute la Place aſſez près du Port. Nous avons travaillé au déblayement de la Citadelle, & à réparer les trous des bombes des Enn nemis. Nice a eu 2 Soldats tués, 5 de blessés, 2 de morts à l'Hôpital ; Bigorre 2 blessés ; Dinan 2 de morts.

Le premier Juin, nous avons continué à travailler pendant la nuit au retranchement derrière la bréche, & à épaissir la caponniere du flanc droit du bastion Dauphin ; on en a fait un autre en avant à la sape pendant le jour, que l'on a plus enterré, pour pouvoir fournir plus de feu dans cette partie, où M. le Chevalier de Sainte-Croix compte mettre 50 hommes pour la défendre. Les Ennemis ont beaucoup tiré de leur mousqueterie & de leurs canons, aggrandi & approfondi les bréches ; celle de l'enveloppe est aussi large d'enhaut que d'enbas ; cependant le parapet n'est pas encore écroulé. En continuant la bréche de la face droite du bastion du Gouvernement, ils en ont fait une autre à la partie de la muraille qui tient l'enveloppe avec l'angle & l'épaule du bastion du Gouvernement, où est la porte qui conduit à la tenaille contre laquelle nous avions mis un blindage, & des terres contre le mur qui étoit fort mince & fort mauvais. S'ils continuent à battre cette muraille, la bréche sera bien-tôt praticable ; pour lors notre retranchement nous deviendra inutile, parce qu'il seroit pris à revers. Ils ont prolongé le retranchement au-dessus du jardin de Gallenne, jusqu'au chemin qui va de la Ville à Sauzon, en avant de la batterie du cimetiere des Soldats. Ils ont fait aussi un retranchement de tonneaux, sur le quai, vis-à-vis la bréche & la Citadelle du Port. Ils élargissent & approfondissent toujours la bréche du bastion du Gouvernement, & tirent successivement des salves de canons, & beaucoup de mousqueterie, auxquelles en succédent d'autres de bombes & d'obus ; ce qui dure tout le jour, jusqu'à la nuit close qu'ils se reposent : cela n'a pas empêché que nos Travailleurs de jour n'ayent rempli leurs tâches au retranchement derriere la bréche. Vers les 9 heures du soir, nous entendîmes en Ville un bruit de démolition qui nous fit croire que les Ennemis démasquoient une batterie, on leur jetta quelques bombes dans cette partie qui ne firent pas grand effet ; la branche de l'envelope qui est vis-à-vis la face droite du bastion Dauphin ou du cavalier étant absolument enfilée, malgré les traverses qui y sont, par la hauteur du Calvaire ; l'on fit mettre un paradeau avec des planches d'une traverse à l'autre, & approfondir le chemin dans le terre-plein derriere la banquette. Nice a eu 2 Soldats blessés, 1 mort ; Bigorre 1 blessé, 1 mort ; Dinan 1 tué, 2 blessés, 1 mort à l'Hôpital.

Le 2, les Ennemis ont été assez tranquilles pendant la nuit. M. Sabatry, Officier de la Compagnie des Indes est arrivé à une heure après minuit, dans le petit Port dessous la Citadelle,

& a remis à M. le Chevalier de Sainte-Croix les Lettres de M. le Duc d'Aiguillon dont il étoit chargé.

Nous avons travaillé pendant la nuit à élargir & à perfectionner notre retranchement derriere la bréche, on a coupé des arbres qu'on a attachés avec des chaînes & des cordes au tronc & au piquet que l'on a mis dans le parapet du retranchement ; de sorte que quand le terre-plein qui est en avant s'écoulera, ces arbres formeront une espèce d'abbatis, qui sera d'autant plus difficile à pénétrer, que le terrein de dessous sera fort mouvant : toutes ces précautions deviendront inutiles, s'ils continuent à battre la muraille qui aboutit au flanc.

Nous avons apperçu ce matin que nous ne nous étions pas trompés, en imaginant que toutes les démolitions dans la Ville indiquoient qu'on demasquoit une batterie : nous l'avons apperçue à la pointe du jour, située en-deçà de la rue des Fours, au haut du petit colier qui monte du Sable pour aller au moulin d'Hallan ; elle est de 4 pièces de canons, qui sont dirigées sur le coin du bastion du Gouvernement ; il n'y a encore que deux pièces qui ont fait bréche au petit mur de l'envelope à l'épaule. Ils ont abbattu le pied droit de la porte qui descend à la tenaille, ce qui fait une rampe aisée à pouvoir faire monter deux hommes qui seroient dans la tenaille, dont une partie du parapet est rasée. On travaillera cette nuit à faire un parapet en bois debout & de travers, lié avec de la terre ; il sera aussi haut que le parapet de l'enveloppe. Deux bombes ont un peu dérangé nos 2 caponnieres du flanc droit du bastion Dauphin; on va travailler à les reparer. Nice a eu un Soldat blessé, 2 entrés à l'Hôpital ; Bigorre, un blessé, & 2 entrés à l'Hôpital ; Dinan 3 blessés. M. de la Garrigue a été légèrement blessé à la tête.

Le 3, la nuit a été fort tranquille, les Ennemis n'ont point tiré. M. le Chevalier de Sainte-Croix a posté une Compagnie de Grenadiers sur l'enveloppe, à droite de la bréche, pour la défendre, avec 100 hommes de garde ordinaire qui y sont. On a continué le travail commencé pendant le jour, pour murer la porte de la poterne de l'Hôpital. On a raccommodé la bréche du petit mur qui joint l'enveloppe à l'angle de l'épaule du bastion du Gouvernement ; on y a mis des bois debout & de travers, avec des décombres en-dedans des intervalles jusqu'à une certaine hauteur ; on continuera la nuit prochaine à l'augmenter. On a un peu travaillé au paradeau de l'enveloppe pour se defiler de la hauteur du Calvaire ; les deux caponnieres qui traversent le fossé, qui avoient été endommagées par une bombe, ont été reparées ; on les perfectionnera pendant le jour & la nuit prochaine. Nos trois pièces de canons du cavalier ont été remises en état, & ont tiré ce matin. Un coup de canon des Ennemis a emporté le tourillon de la coulevrine. On a mis une pièce de 12 sur la courtine du Lieutenant du Roi, malgré son délabrement, pour tirer à cartouche sur la batterie de 4 pièces de canons que les Ennemis ont au haut de la Ville.

Les Ennemis ont fait un très grand feu pendant la journée, qui a élargi la breche de la face du demi-bastion de l'envelope, & à fait tomber le parapet qui étoit au-dessus ; ils ont aussi tiré beaucoup sur le bastion du Gouvernement, & la petite muraille qui joint, qui est presque au niveau des decombres de cette breche. Ils ont aussi dérangé le parapet en bois de ladite muraille. Nice a eu aujourd'hui un homme de tué, & 5 de blessés ; Bigorre un tué, & trois blessés ; Dinan un tué, & trois morts à l'Hôpital. Notre artillerie a fait le plus de feu qu'elle a pu de ses trois pièces de canons du cavalier, dont une a été mise hors de service.

Le 4. Les Ennemis ont été assez tranquilles cette nuit. On a travaillé à renforcer le parapet en bois & à decombrer le petit mur qui joint l'envelope à l'angle de l'épaule du bastion du Gouvernement. On a continué le paradeau de l'enveloppe, vis-à-vis la face droite du bastion Dauphin ; coupé le pont qui aboutit au redan du magasin à poudre ; on y a fait en dehors au lieu du pont, le long du flanc, un blindage pour la communication de cette partie avec la breche ; on a aussi travaillé aux deux caponnieres du flanc droit du bastion Dauphin.

Les pertes que la Garnison a essuyées pendant le tems que nous gardions nos redoutes, & celles qu'elle a faites depuis que nous sommes enfermés dans la Citadelle, la mettant hors d'état de fournir tous les postes nécessaires à sa défense, & M. le Chevalier de Sainte-Croix voyant que les Ennemis faisoient tous leurs efforts du côté de la Ville, n'ayant ailleurs ni tranchée ni boyau qui puissent désigner un dessein formé de faire une attaque réelle du côté des chemins couverts, où ils ne pourroient s'établir sans communication, ne pouvant par consequent craindre une fausse attaque de ce côté ; il se determina à ne laisser que très-peu de monde dans les chemins couverts, pour porter son attention du côté des deux breches, qui sont ouvertes & presques praticables à l'enveloppe, indépendamment de celle qui est faite au corps de la place ; en consequence, il changea l'ancien ordre des postes, ne laissa que 50 hommes dans chacune des deux demi-lunes qui sont au-delà de l'envelope, qui devoit fournir chacune 30 hommes, partagés dans les trois places d'armes du chemin couvert qui sont les plus à portée, qui après avoir fait toute la resistance dont ils sont susceptibles, pourront se retirer dans les 2 demi-lunes qui doivent les proteger ; 50 hommes dans la branche gauche des chemins couverts, dits de la Glacière; 100 hommes sur les breches, soûtenus d'une Compagnie de Crenadiers; 100 hommes dans le reste de l'envelope; 50 hommes à l'avenue du Bourg, qui devoient fournir 20 hommes à la gallerie crenelée; 15 hommes à la Tour de la Marine; 50 hommes aux 2 caponnieres du flanc gauche du bastion Dauphin, independamment de 300 hommes qui sont dans l'interieur de la Citadelle, pour garder les poternes, crainte de surprise, & le rempart pour les feux de protection. Les Ennemis ont fait un feu étonnant de leur artillerie, qui a fait cesser la nôtre, & augmentant les breches qui sont praticables à l'enveloppe; celle qui est à la petite muraille qui la joint à l'épaule du bastion du Gouvernement, a près de deux toises de large. Les decombres qui sont tombées de la breche faite au bastion du Gouvernement, sont au niveau du parapet en bois debout que nous avons dans cette partie, où l'on ne peut mettre que 15 hommes pour les défendre, qui seroient foudroyés par la mousqueterie, canons & obus des Ennemis.

Le 5, on a travaillé pendant la nuit à perfectionner les deux caponnieres du flanc droit du bastion Dauphin, & au petit retranchement que l'on a fait sur le terre-plein de l'envelope, au-dessus du petit escalier que l'on a dégradé vis-à-vis la poterne, vu son court espace qui ne permet d'y mettre que six hommes de front, pour protéger la retraite de 15 Grenadiers qui seroient en avant d'eux. A dix heures de la nuit du quatre au cinq, la mer étant basse, les Ennemis vinrent pour reconnoître la bréche, la Sentinelle qui étoit au-dessus leur tira un coup de fusil; Mr. de la Tour, Capitaine des Grenadiers de Bigorre, s'y porta, & fit feu sur la bréche, & leur fit jetter des grenades & obus, ce qui attira de ce côté un feu très vif de derriere les retranchemens qui sont le long du Port, & des maisons de la Ville qui sont toutes crénelées: on leur répondit des remparts & de l'envelope, mais avec beaucoup de désavantage. Ils revinrent une deuxiéme fois pour tater la bréche; Mr du Bouchet, Capitaine de Nice, qui y étoit, leur tua deux hommes qui étoient montés jusqu'au haut, ce qui fit recommencer le feu qui dura encore une demie heure; ils profiterent de ce moment pour attacher le mineur à l'envelope, vis-à-vis la face gauche du bastion Dauphin, au-dessous du corps-de-garde qui est dans l'épaisseur du parapet, & y mirent un blindage pour le couvrir, sans qu'il nous fut possible d'y mettre aucun obstacle. Mr de Favart, Ingénieur, qui a été voir la bréche ce matin, est descendu par le petit escalier qui est dans l'intérieur du demi-bastion qui conduit à un flanc bas ; il a trouvé l'escalier à découvert par la breche ; & en a rapporté 3 pics à roc, un fusil & une pince, preuve qu'ils avoient envie d'y travailler ; mais ils n'y avoient encore rien fait.

La pirogue envoyée par Monsieur le Duc d'Aiguillon est arrivée à une heure & demie après minuit.

Les Ennemis ont fait un très-grand feu toute la journée, les bréches deviennent de plus en plus praticables, & celle du bastion du Gouvernement ébranle la voûte de l'Hôpital, qu'elle pourroit percer, si le feu duroit jusqu'à minuit avec la même violence. On compte mettre des chevaux de frise au commencement de la nuit sur le haut de la grande bréche qui a environ huit toises, & dans l'entrée du petit escalier qui aboutit au demi-bastion.

Le 6, les Ennemis ont travaillé à leurs mines, que l'on ne peut voir ni empêcher ; ils y communiquent à marée haute par un pont fait avec des tonneaux remplis, qu'ils ont couverts de sacs à terre. Ils ont continué leurs retranchemens sur tous les Quais & les petites calles du Sable, de sorte que leurs Soldats sont à couvert dans toute la partie qui regarde la Citadelle. Ils ont fini de creneler toutes les maisons de la Ville, & ont fait le retranchement à droite de la batterie de quatre pièces de canons qui est en-deça de la rue du Four, qu'ils ont continuée jusqu'à la mer par leur droite. Ils n'ont pas tiré pendant la nuit ; nous leur avons jetté le plus de bombes que nous avons pu, pour interrompre leurs travaux, & écraser les maisons dans lesquelles ils étoient ; nous leur avons fait malgré cela peu de dommage. On a prolongé le flanc gauche du demi-bastion de l'envelope de façon qu'il puisse protéger la retraite des quinze Grenadiers, & des vingt Soldats qui défendent la bréche du petit mur de l'angle de l'épaule du Gouvernement. Nous avons perfectionné les deux caponières, & mis des abatis en avant.

A la pointe du jour nos trois pièces d'artillerie ont commencé à tirer, & ont endommagé la batterie du Calvaire ; les Ennemis nous ont répondu avec plus de succès : notre feu a cependant opéré une diversion qui les a obligés de ne battre qu'un peu plus tard le bastion du Gouvernement, & a arrêté les grands progrès qu'ils auroient faits contre ce bastion ; ils en ont élargi la breche sans l'avoir beaucoup plus approfondie qu'elle ne l'étoit, mais cependant assez pour faire craindre que la voûte de l'hôpital n'écrase les malades qui sont dans un état pitoyable par la crainte qu'ils ont qu'on ne veuille les sacrifier. Les breches de l'enveloppe sont très-praticables ;

ils ont attaché un second mineur, à la gauche de la grande breche, pour faire sauter jusqu'à l'angle du demi-bastion : ils nous ont tiré une très-grande quantité de bombes & d'obus.

Le soir, à quatre heures, il s'est tenu un nouveau conseil de guerre, dans lequel M. du Bouchet, ingenieur, a fait l'exposé de la situation de la Place ; il y a parlé de deux breches praticables à l'envelope de la mine à laquelle les ennemis travaillent avec succès, des deux breches au corps de la Place, & sur-tout de celle du bastion du gouvernement, qui a 15 pieds de profondeur auprès de l'angle du flanc, & 10 toises de largeur, dont le parapet existe encore à la verité, mais qui est en l'air ; il y a même une lézarde le long de la banquette, qui passe dans l'embrasure du flanc le plus près de l'épaule, la joint au plus profond de la breche, & feroit une rampe très-aisée si cette masse tomboit. Considerant en outre l'état de la voûte de l'Hôpital, & le danger des malades, le Conseil de Guerre a deliberé unanimement qu'il étoit tems de capituler, & a prié Mr. le Chevalier de Sainte-Croix de differer cette capitulation le moins que faire se pourra. Malgré cette deliberation unanime, Mr. le Chevalier de Sainte-Croix resolut d'attendre au lendemain, a pris toutes les precautions nécessaires pour soutenir l'attaque des breches, autant que le terrein pourroit le permettre.

Le 7, à une heure du matin, les Ennemis se sont presentés pour attaquer la breche de la face du bastion, & se glissoient dans la tenaille, pour faire une attaque du côté du flanc gauche du bastion du Gouvernement, tandis qu'ils battoient le fond du fossé, & l'enveloppe vis-à-vis la face droite du bastion Dauphin avec une nouvelle batterie de 4 pièces de canons, qu'ils ont démasquée au-dessus du jardin d'Aubert. Un feu étonnant de mousqueterie, & une très-grande quantité de bombes, obus & pots-à-feux partoient au même tems de leur tranchée & des maisons de la Ville ; mais le grand feu de notre mousqueterie & les grenades & obus qu'on leur a jetté du haut de la breche, les ont obligés de se retirer. Nous n'avons eu dans cette attaque, qui a duré près d'une heure, que 4 Soldats de Nice blessés ; 6 de Bigorre blessés & un de tué ; deux de Dinan blessés & un de tué.

Nos trois pièces d'artillerie que l'on avoit reparées pendant la nuit, ont commencé à tirer au point du jour, & ont attiré l'attention de l'Ennemi, qui malgré cela faisoit de grands progrès au bastion du Gouvernement, ce qui a déterminé Monsieur le Chevalier de Sainte-Croix à **demander à Capituler.**

CAPITULATION
DE BELLE-ISLE.

NOUS Brigadier des Armées du Roi, Commandant dans la Citadelle de Belle-Isle en mer, proposons les Articles de la Capitulation ci-après.

ARTICLE PRELIMINAIRE.

Monsieur le Chevalier de Sainte-Croix, Brigadier des Armées du Roi, commandant la Citadelle de Belle-Isle, demande que la Place ne se rende que le 12 Juin, au cas que d'ici ce tems, il ne nous arrive point de secours; qu'en attendant il ne se fasse nul travail de part ni d'autre, & qu'il n'y ait aucun Acte d'hostilité, ni aucune communication des Anglais assiegans avec les Français assiégés.

Refusé.

ARTICLE PREMIER.

Toute la Garnison sortira avec les honneurs de la Guerre par la brêche, tambour-battant, drapeaux deployés, mêches allumées, & trois pièces de canon, avec douze coups à tirer chacune, chaque Soldat aura quinze coups à tirer dans sa cartouche, tous les Officiers, Sergens, Soldats, & Habitans pourront emporter tous leurs équipages & bagages; les femmes suivront leurs maris.

Accordé en faveur de la belle défence que la Citadelle a faite sous les ordres de Monsieur le Chevalier de Sainte Croix.

II.

Il sera fourni deux Chariots couverts, dont les effets seront déposés dans deux chaloupes couvertes, qui ne pourront être visitées.

Les chariots couverts seront refusés; mais soin sera pris pour faire transporter tous les bagages en grande terre par le plus court chemin.

C

III.

Il sera fourni des Bâtimens pour transporter les Troupes françaises par le plus court chemin dans les Ports de France les plus voisins de Belle-Isle, profitant du premier vent favorable.

Accordé.

IV.

Il sera fourni aux Troupes françaises qui seront embarquées, les vivres nécessaires pour le trajet, sur le même pied qu'il en est fourni aux Troupes de Sa Majesté Britannique ; & il ne sera mis sur les Bâtimens que le même nombre d'Officiers & de Soldats que les Troupes anglaises occupent.

Accordé.

V.

Il sera donné un Bâtiment, lorsque les Troupes seront embarquées, à M. le Chevalier de Sainte Croix, Brigadier des Armées du Roi, M. de la Ville, Lieutenant de Roi, M. de la Garrigue, Colonel d'Infanterie, avec Brevet de Commandant, au défaut de M. de Sainte Croix, Messieurs les Officiers de l'État-Major, compris ceux de l'Artillerie & du Génie, ainsi que les trois pièces de canons & les Soldats du Corps-Royal de l'Artillerie, pour être transportés à Nantes, avec leurs femmes, gouvernantes, domestiques & équipages qu'ils ont dans la Citadelle, sans qu'il soit permis de les visiter ; & leur sera fourni des vivres du Bâtiment, comme l'on en donneroit aux Officiers anglais de pareils grades.

Soin sera pris que tous ceux qui seront nommés dans cet article, seront transportés au plutôt à Nantes avec leurs bagages & effets, de même que les trois pièces de canon accordées par l'article I.

VI.

Après l'expiration du tems porté par le premier article, il sera livré une partie de la Citadelle aux Troupes de Sa Majesté Britannique, à laquelle il y aura une Garde française de pareil nombre, jusqu'au moment que les Troupes du Roi sortiront pour s'embarquer ; il sera consigné aux deux Gardes de ne laisser entrer aucun Soldat anglais, ni sortir aucun Soldat français, sans la permission de leurs Généraux.

Une porte sera livrée aux Troupes de Sa Majesté Britannique, dès le moment que la Capitulation sera signée, & un pareil nombre de Troupes françaises occuperont la même porte.

VII.

Il sera accordé un Bâtiment à Messieurs les Commissaires des Guerres & Trésoriers, où ils pourront emporter tous leurs bagages, & emmener leurs Secretaires, Commis & Domestiques, sans qu'il leur soit fait aucun tort ni visite ; ils seront conduits, ainsi que les Troupes, au Port le plus voisin.

Accordé.

VIII.

Messieurs Detaille, Capitaine Général de la Garde côte, Lami, Major, deux Lieutenans des Canonniers & quatre-vingt Canonniers Gardes-côte, soldés par le Roi, seront les maîtres de rester dans Belle-Isle, ainsi que tous les Habitans, sans qu'il leur soit fait aucun tort dans leurs biens ; & s'ils ont envie de vendre leurs Biens, Meubles & Immeubles, Barques & Filets, pendant l'espace de six mois & de passer en grande-terre, il ne leur sera fait aucun empêchement, mais au contraire, tous les secours & passe-ports nécessaires.

Ils resteront dans l'Isle sous la protection du Roi de la Grande Bretagne comme les autres habitans, ou seront transportés en grande terre avec la Garnison, à leur choix.

IX.

Monsieur Savignon, Commis du Trésorier des Troupes françaises pourra rester à Belle-Isle avec sa famille, ou venir en grande terre avec les mêmes prérogatives, ainsi que l'Aumônier, les Canonniers, Bourgeois, les Gardes-Magasins, & tous les Ouvriers attachés à l'Artillerie & au Génie.

Accordé pour rester dans l'Isle sur le pied des autres habitans, ou bien d'être transporté en grande terre, à son choix.

X.

La Religion Catholique, Apostolique & Romaine sera exercée avec la même liberté que sous la domination française, conservant leurs Eglises avec leurs Recteurs, Curés, & autres Prêtres, qui en cas de morts seront remplacés par l'Evêque de Vannes ; ils seront maintenus dans leurs Privileges, Fonctions, immunités & Revenus.

On accordera à tous les habitans, sans distinction, l'exercice libre de leur Réligion ; l'autre part de cet article doit nécessairement dépendre du bon plaisir de Sa Majesté Britannique.

XI.

Les Officiers & Soldats qui sont aux Hôpitaux de la Ville & Citadelle, jouiront des mêmes traitemens que la Garnison,

& après leur guérison, il sera fourni les Bâtimens nécessaires pour les transporter en France ; en attendant il leur sera fourni les subsistances & remèdes jusqu'à leur départ, suivant les états qu'en donneront le Controlleur & le Chirurgien, qui seront visés par le Commissaire Français qui restera à Belle-Isle.

Accordé.

XII.

Après le terme expiré par le premier Article, il sera donné des ordres pour que les Commissaires, tant d'artillerie, du Génie, que des Vivres, viennent faire l'Inventaire de ce qui se trouvera dans le Magasin du Roi, sur lesquels il sera fourni en pain, vin & viande, la subsistance aux Troupes Françaises jusqu'au moment de leur départ, sur le même pied qu'ils l'ont actuellement.

On fournira toutes les subsistances nécessaires sur le même pied que pour Sa Majesté Britannique, jusqu'à leur départ.

XIII.

M. de Khraffwre, Général Major, ainsi que tous les Officiers & Soldats prisonniers Anglais, qui ont été faits depuis le 8 Avril 1761 inclusivement, seront mis en liberté après la Signature de la Capitulation, & seront degagés des paroles qu'ils ont données jusqu'à ce jour, ainsi que les Officiers Français de differens grades, Volontaires, Sergens & Soldats qui l'ont été faits depuis le 8 Avril.

Les Officiers & Soldats Anglais prisonniers de guerre à la Citadelle, seront libres dès le moment de la signature de la Capitulation ; les Officiers & Soldats français prisonniers de guerre, seront échangés suivant le Cartel de l'échange.

Tous les Articles ci-dessus seront exécutés de bonne foi de part & d'autre ; les interpretations de ceux qui pourroient être douteux, seront traités à l'amiable.

Toutes les archives, papiers publics & écrits qui peuvent regarder le Gouvernement de l'Isle, seront remis de bonne foi aux Commissaires du Roi de la grande Bretagne.

Il sera envoyé après la signature, des ôtages de part & d'autre pour la sureté de la Capitulation.

Trois jours seront accordés pour l'évacuation de la Citadelle, & les passe-ports nécessaires pour l'embarquation, seront prêts pour recevoir la Garnison & leurs effets.

Un Officier Français sera chargé de livrer toutes les Munitions de Guerre & de Bouche, & généralement tout ce qui appartient au Roi Très-Chretien, à un Commissaire Anglais chargé à cet effet, & un Officier sera ordonné de nous montrer tous les Vivres & Souterrains de la Place.

Fait & arrêté triple le 7 Juin 1761 Signé le Chev. de SAINTE-CROIX, SHODSON-KEPPEL.

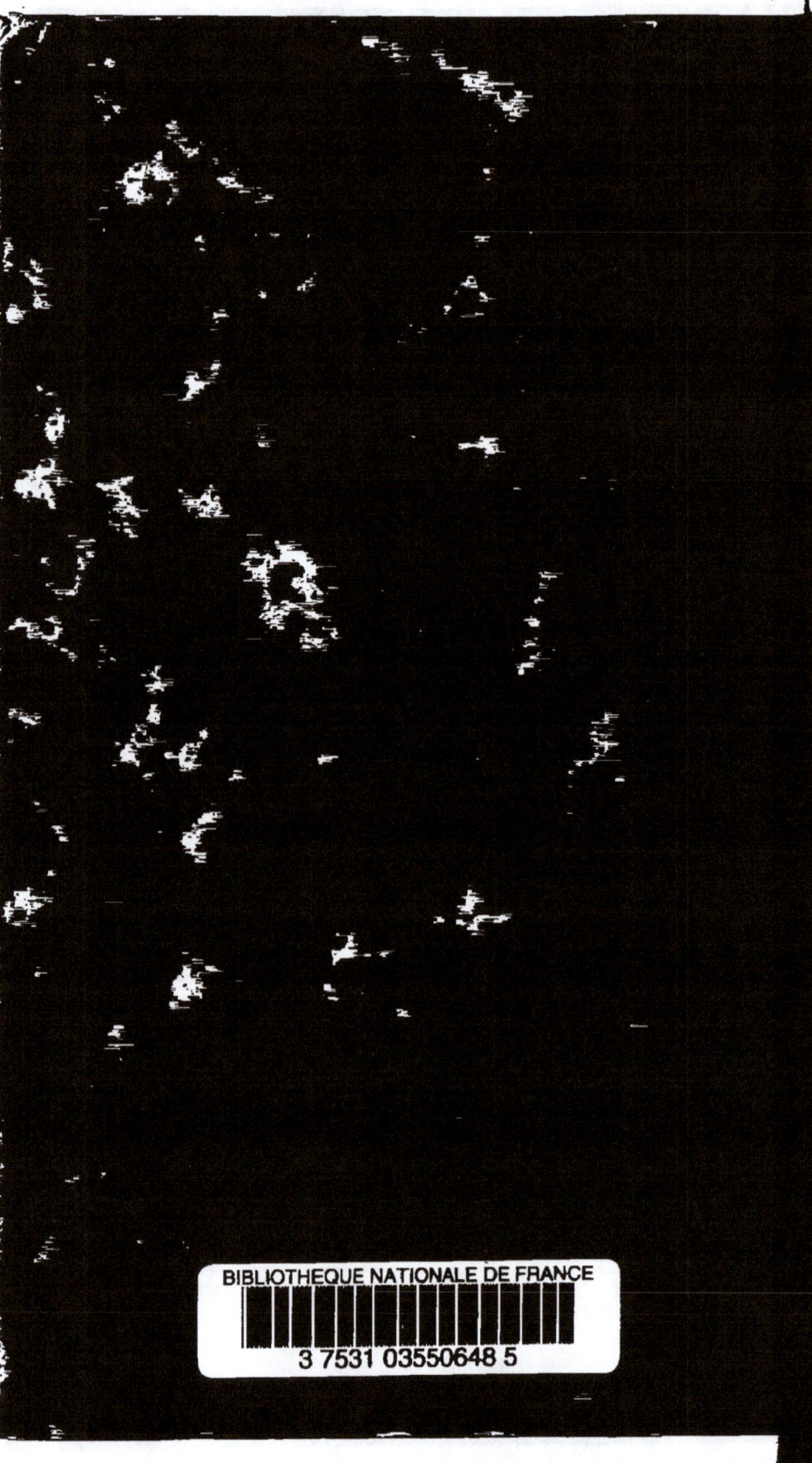

www.ingramcontent.com/pod-product-compliance
Lightning Source LLC
Chambersburg PA
CBHW060955050426
42453CB00009B/1184